Direction **Pierre Marchand**

Éditrices **Sandra Berthe,** assistée de **Julie Berthet**

Directeur de collection **Marc Giraud**

Auteur **Mymi Doinet**

Photographies **Michel Jozon**

Illustrateur **Pascal Robin**

Conception graphique **Jean-Marc Barrier**

Exécution **Jean-Marc Barrier, Caroline Rimbault**

Fabrication **Claire Hostalier**

Corrections **Jean-Pierre Leblan**

Toutes les photographies de cet ouvrage
sont issues du fonds de l'agence Jacana.
ISBN : 2-01265-555-6
Imprimé et relié en France
Dépôt légal : 21772 - Juin 2002 - Édition 01
EAN 978 201265 555-3
Loi n° 49-956 du 16 juillet 1949 sur les publications
destinées à la jeunesse.

scénario nature

Les secrets de la mer

La vie d'un **récif corallien** avec ses étranges anémones et ses poissons nettoyeurs.

Un très Joyeux Noël 2002
à ma grande Jade !
J'espère que tu auras autant
de plaisir que moi à lire
ce livre... J'ai appris
beaucoup de choses !
Bisous
Mamie Odette

HACHETTE Jeunesse

Les mers et **les océans** recouvrent les trois quarts de la surface de la Terre. Sous ces milliards de tonnes d'eau salée, le sol n'est pas plat ! On y trouve des prairies et des forêts d'algues, des talus d'éponges, des jardins **féeriques,** et même des chaînes de montagnes formées par les **coraux**... Quelle surprise, ces paysages sont pour la plupart constitués **d'animaux !**

Dans les eaux peu profondes, quel merveilleux terrain d'aventures **multicolore !** La journée commence bien : le soleil éclaire les grottes formées par les récifs coralliens. **Les poissons** y jouent à cache-cache, **les anémones déploient** leurs tentacules ! Tiédie par les rayons du soleil, la température de l'eau, entre 20 °C et 30 °C, est très agréable !

Près des éponges et des anémones vertes fluorescentes, des bouquets **rouge coquelicot** de coraux déploient une dernière fois leurs **tentacules** avant de les replier jusqu'au soir ! Ils vont capturer des algues, des œufs de poissons et des larves de crustacés qu'ils ramènent vers leur bouche. **Les coraux** grandissent tout doucement : de 1 à 5 cm par an.

Quand **les courants** apportent de la nourriture, l'anémone s'épanouit **comme une fleur** et mange. Elle **ondule** sous le courant. Ses tentacules fabriquent un mucus venimeux et gluant. Qui s'y frotte, s'y pique ! Mais **les poissons-clowns,** longs de 8 cm, la frôlent sans mal. Jour après jour, leurs écailles s'habituent au venin. Ils sont alors comme vaccinés !

Quand elle se repose,
l'anémone rentre ses tentacules
et prend la forme d'une **citrouille.**
Dans ses bras, les poissons-clowns
n'ont plus d'ennemis :
quiconque voudrait les attaquer
se verrait aussitôt paralysé
par les harpons empoisonnés
de **leur protectrice !**
En échange, ils veillent
sur leur « propriété privée »
et chassent vivement
les poissons-papillons,
qui ne craignent pas
les anémones
et même s'en régalent !

Les poissons-clowns ont de la visite : une petite **crevette** s'est imprégnée de l'odeur de l'anémone, pour profiter elle aussi d'un **logis sûr.** Échange de bons services : la crevette nettoie l'anémone. Elle la débarrasse des dizaines de parasites, minuscules **petites bêtes,** qui s'accrochent sur elle, tels des poux !

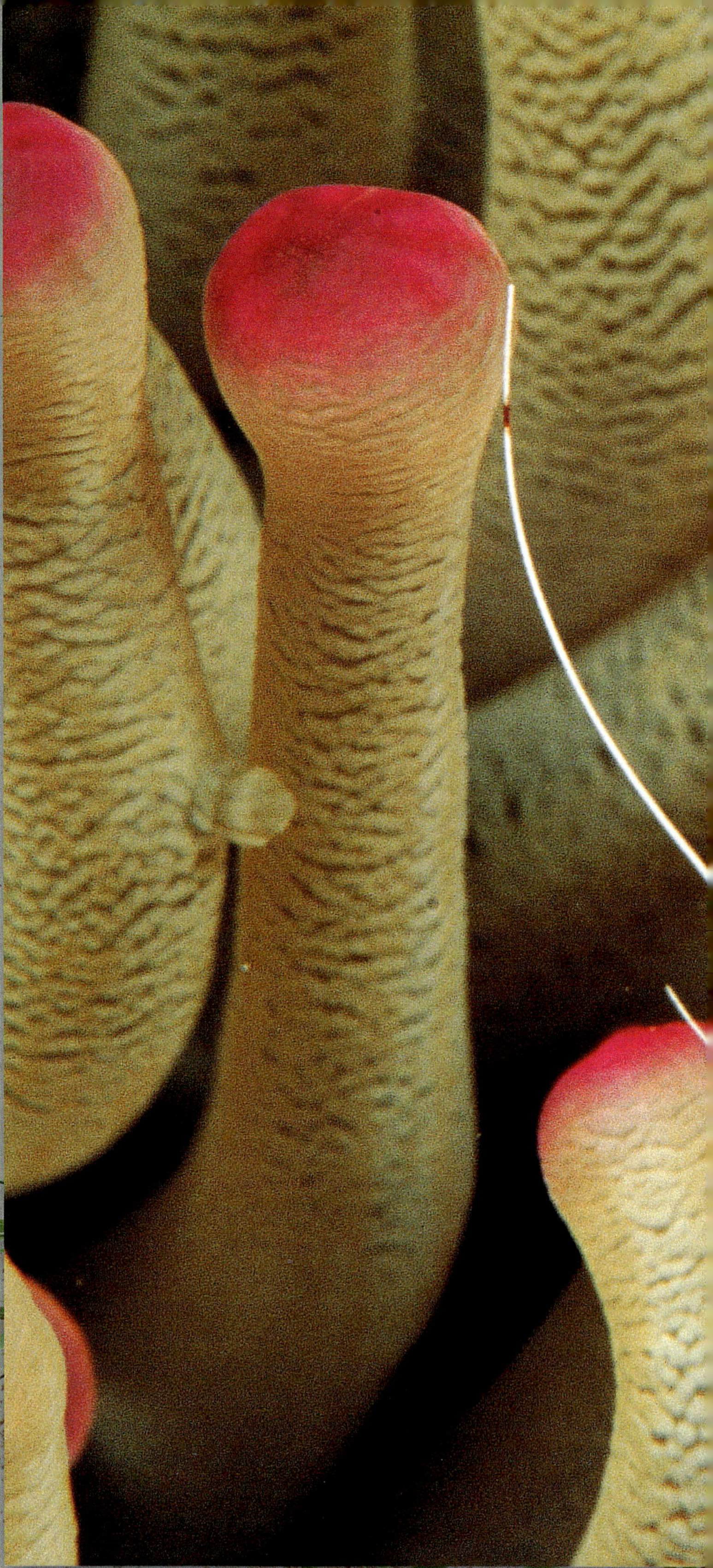

Le **crabe porcelaine** veille aussi sur l'anémone. En bon petit soldat, ce crustacé long de 7 cm monte la garde, **avec ses pinces !** Comme tous les crabes, il mue : au fur et à mesure qu'il grandit, il abandonne **sa cuirasse** devenue trop étroite. Il se recouvre alors d'une carapace toute neuve qui met trois jours à durcir !

Voici venir la **gracieuse méduse.** On dirait un parapluie qui s'ouvre et se referme ! Elle bouge **lentement :** pas plus de 55 m/h. Un cortège de poissons s'abrite sous **son ombrelle,** pour profiter des restes de nourriture qui tombent de sa bouche.

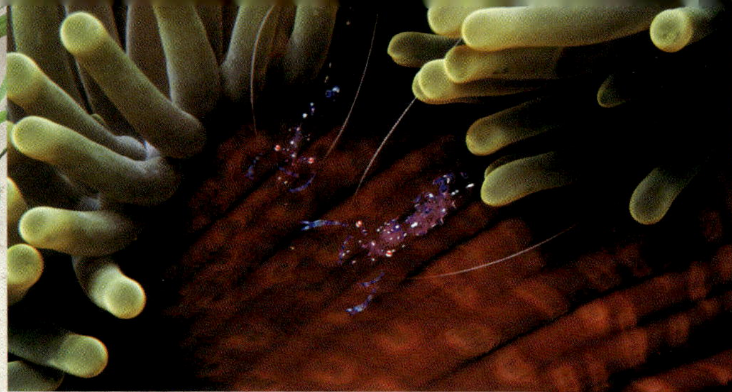

D'autres poissons vivent **dangereusement** : le labre ne craint pas **le mérou,** poisson carnivore glouton. **Comme un dentiste** qui détartre les dents, le labre nettoie celles du mérou, en dévorant les saletés qui s'y sont fixées. En 6 heures, un labre peut soigner jusqu'à 300 « patients ». Les mérous font alors la queue, en attendant tranquillement leur tour !

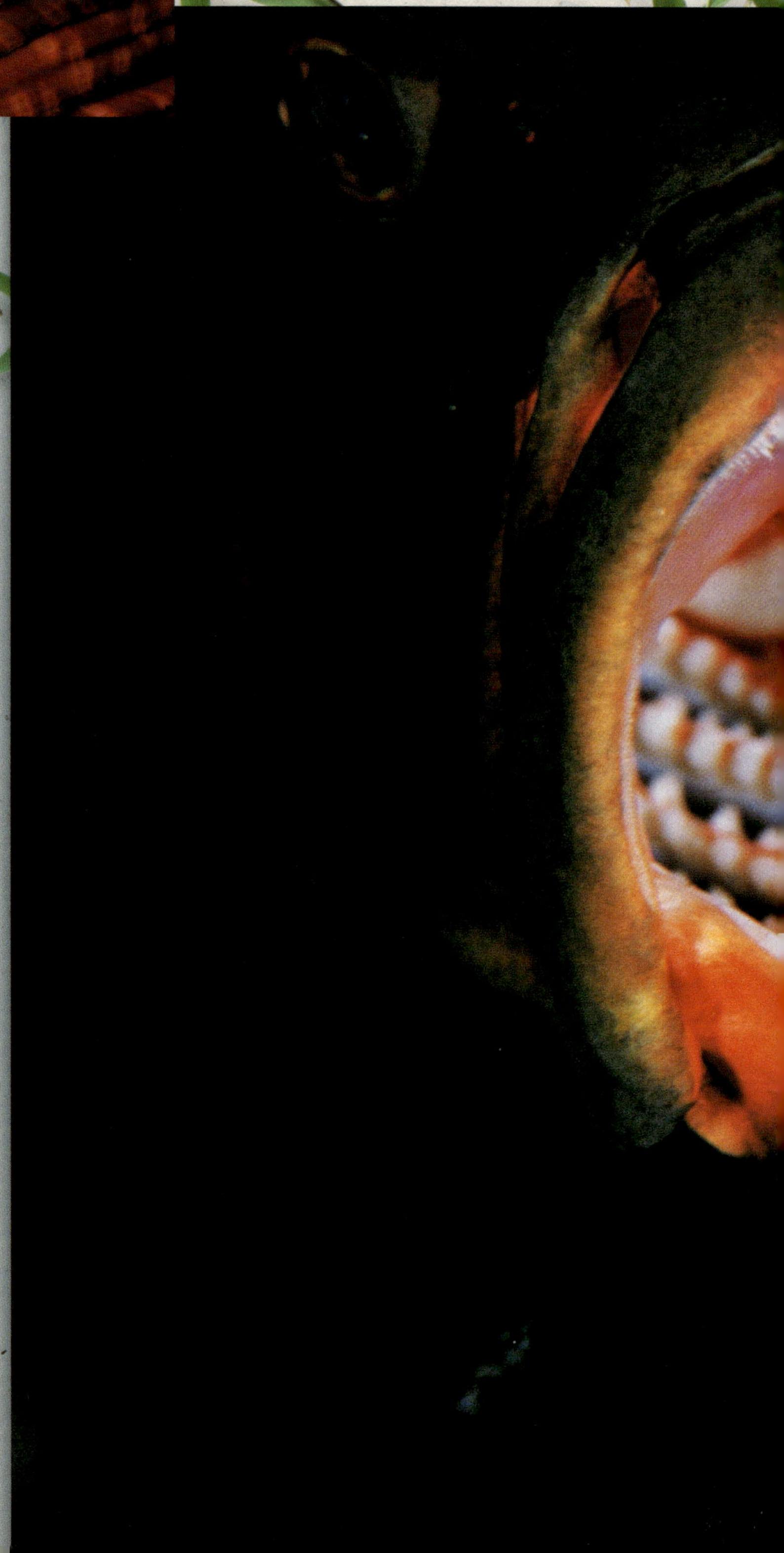

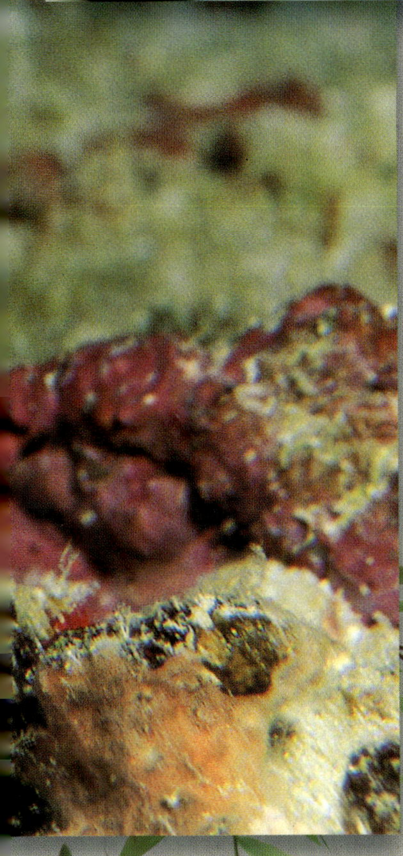

La crevette nettoyeuse

non plus ne craint pas d'être dévorée ! Elle s'occupe d'un beau mérou rouge **à pois bleus.** Même s'ils vivent dans l'eau, les poissons ont besoin eux aussi de se laver : des vers et des **petits crustacés** les recouvrent. **Ils râpent leurs écailles** et sucent leur sang. Sans pattes, ni longue langue, impossible pour le mérou de se gratter ou de se lécher.

Le soir approche, ce poisson-clown rouge cerise se cache dans des coraux de la même couleur que lui.

Pas vu, pas pris ! Tout à côté, **l'oursin** cherche une dernière prairie d'algues à brouter. Haut perché sur ses **piquants pointus,** ce cousin de l'étoile de mer avance de 2 m par minute.

La **« châtaigne des mers »** mange en se déplaçant, car sa bouche se trouve juste sous son corps !

Un peu plus loin flotte **un étrange animal,** équipé d'une vingtaine de bras souples plumeux. C'est **un lis de mer.** Il se nourrit de **plancton,** riche en microscopiques puces d'eau qui constituent les animaux les plus répandus dans les océans. Dans un seul seau rempli d'eau de mer, il peut y en avoir plus d'un million !

La lune éclaire comme un phare
les **jardins de coraux.**
Bercés par le doux roulis des vagues,
les poissons-clowns se glissent
un à un au cœur des anémones
pour dormir les yeux grands ouverts,
car ils n'ont pas de paupières.
Les oursins coincent leurs
piquants dans **les rochers.**
Pendant ce temps, en
grand silence, le corail déploie
ses tentacules, pour faire un festin
de plancton, au **clair de lune !**

La vie d'un récif corallien

scénario·nature·

Le corail n’est pas une roche, mais un animal !

Le corail est formé d’une multitude de minuscules animaux, les polypes. Chaque polype émet des sortes de petits bourgeons, soudés les uns aux autres par un squelette dur en calcaire. Cette carapace protège leur corps mou. Pour bien se développer, les récifs coralliens ont besoin de lumière, d’eau claire et de chaleur. Ils forment de belles barrières qui s’élèvent comme des rochers à la surface des mers tropicales.

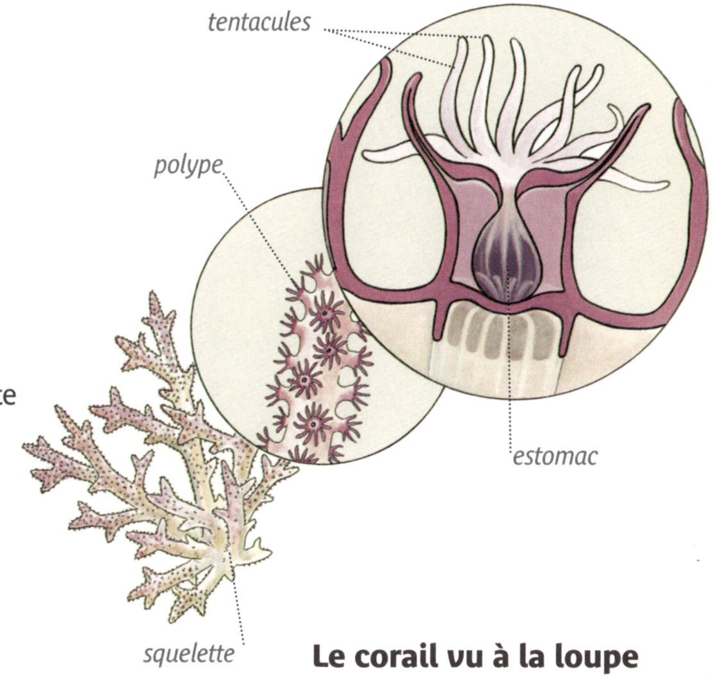

Le corail vu à la loupe

BON À SAVOIR !

Quand les dinosaures sont apparus sur Terre, les coraux existaient déjà depuis longtemps : ils font partie des premiers animaux qui ont peuplé les mers et les océans.

Les récifs coralliens dans le monde

BON À SAVOIR !

La plus grande barrière de corail se trouve au nord-est de l’Australie. Celle-ci mesure 2 000 km de long et 120 m de haut. Elle est si vaste qu’à bord de leur fusée, les spationautes peuvent la voir !

Les différentes formes de coraux

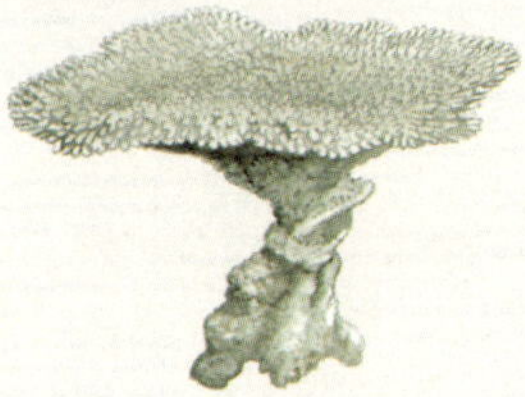

Coraux en forme de champignon

Coraux en forme de table

Coraux en forme de doigts

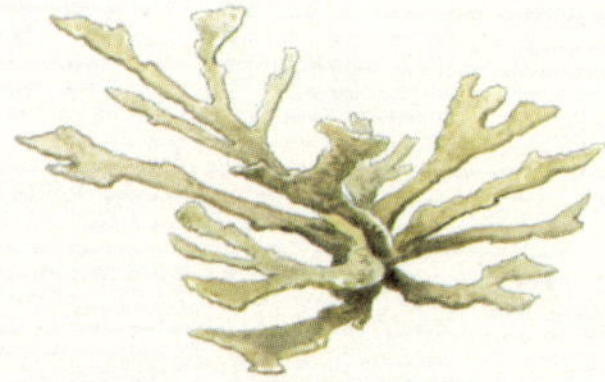

Coraux en forme de bois de cerf

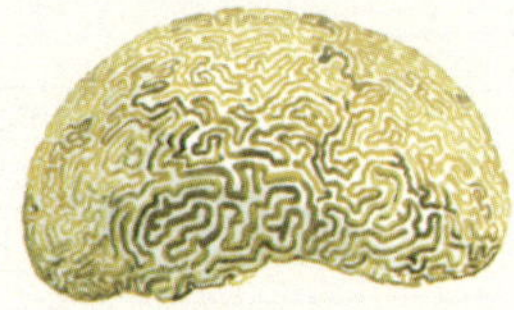

Coraux en forme de cervelle

Les coraux et leurs cousins

Bon à savoir !

Le corail, l'anémone de mer et la méduse sont des animaux au corps mou en forme de sac hérissé de tentacules venimeux. Ils leur permettent d'attraper le plancton. Un orifice leur sert à la fois de bouche et d'anus !

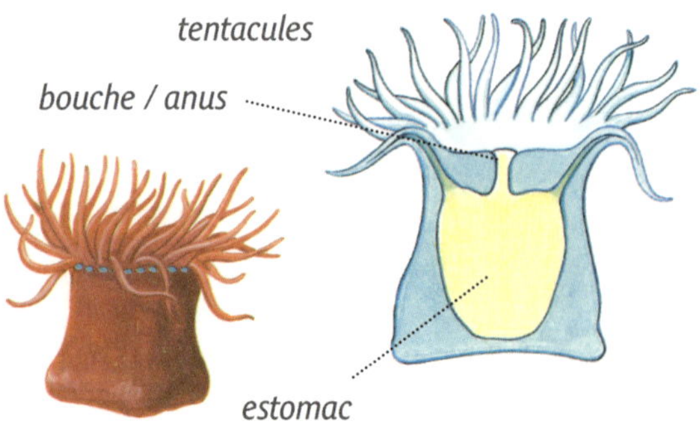

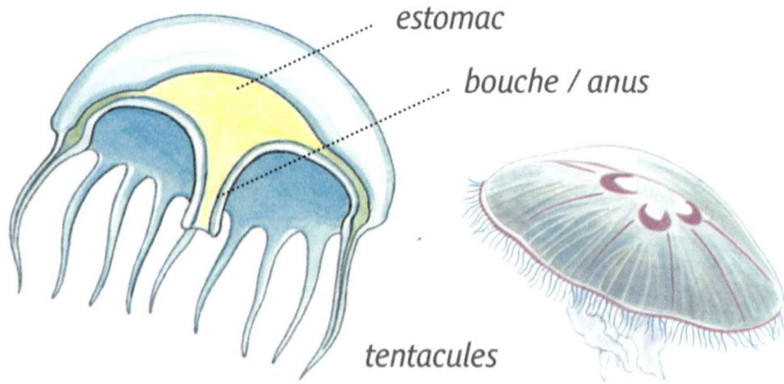

L'anémone de mer

Elle vit fixée sur les rochers par une ventouse. Quand l'eau la recouvre, l'anémone capture des crevettes et des crabes avec ses tentacules équipés de cils venimeux. À marée basse, elle les rentre. Il existe plus de 1 000 espèces d'anémones. À 2 000 m de profondeur, certaines ont des tentacules longs de plus de 1 m !

La méduse

Son corps gélatineux et transparent est composé à 95 % d'eau. Chaque jour, « l'ortie des mers » avale plusieurs fois son poids en nourriture en capturant ses proies avec ses tentacules venimeux. Il existe plus de 200 espèces de méduses : les plus grandes atteignent 2 m de diamètre et leurs tentacules 20 m de long !

Poisson-ange empereur
À chaque âge sa tenue : jeune, ses écailles forment une cible ; devenu grand, ce poisson sera tout zébré !

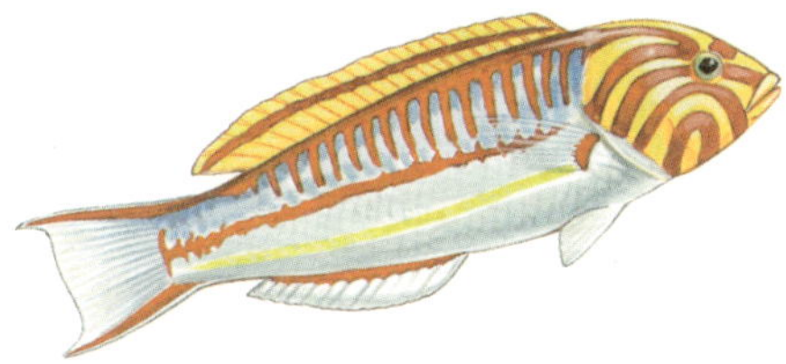

La girelle-paon
Ce nageur se déplace vite grâce aux mouvements rapides de ses nageoires. Les crustacés n'ont pas le temps de le voir arriver !

L'holacanthe-duc
Ce mangeur d'éponges semble costumé pour un bal masqué !

De belles tenues de camouflage

Les couleurs vives de ces poissons masquent leur vraie silhouette.

Le poisson-mandarin
Le dessin de ses écailles ressemble à de superbes vitraux.

BON À SAVOIR !

Le poisson-papillon ocellé et le gobie à deux ocelles ont des taches qui forment de faux yeux bien visibles, tandis que les vrais sont camouflés ! Les prédateurs croient se diriger vers la tête du poisson… qui a le temps de s'échapper !

Chirurgien à poitrine blanche
Pour se défendre, le nageur redresse l'épine tranchante située sur sa queue.

Le poisson-lime gribouillé
Ce drôle de poisson a la queue en forme de pinceau et semble s'être « tagué » de partout !

Le gramma
Ce petit poisson couleur « vanille-fraise » est un cousin de l'énorme mérou.

■ Le jour :
les écailles du poisson-fusilier prennent la couleur des lagons. La murène, elle, se cache dans les rochers.
■ La nuit :
les écailles du poisson-fusilier s'assombrissent : il pourra dormir tranquille au fond des récifs. La murène part chasser crustacés et calmars.

■ Le jour :
le poisson-perroquet broute, à l'aide de son bec solide, le corail et les oursins.
■ La nuit :
le poisson-perroquet se fabrique un sac de couchage de mucus transparent comme de la salive. Son odeur est masquée : les barracudas ne le détectent plus.

... Le jour

La vie dans les massifs coralliens

La nuit ...

■ Le jour :
l'oursin gratte le corail avec ses grosses dents, disposées en cercle autour sa bouche.
■ La nuit :
l'oursin se fixe aux crevasses des rochers en y coinçant ses piquants. Ainsi, bien calé, les vagues ne pourront l'emporter dans son sommeil !

■ Le jour :
le corail ferme ses tentacules, cachés sous leur cuirasse de calcaire.
■ La nuit :
pour se nourrir, le corail déploie ses tentacules à travers les trous microscopiques de son squelette de calcaire.

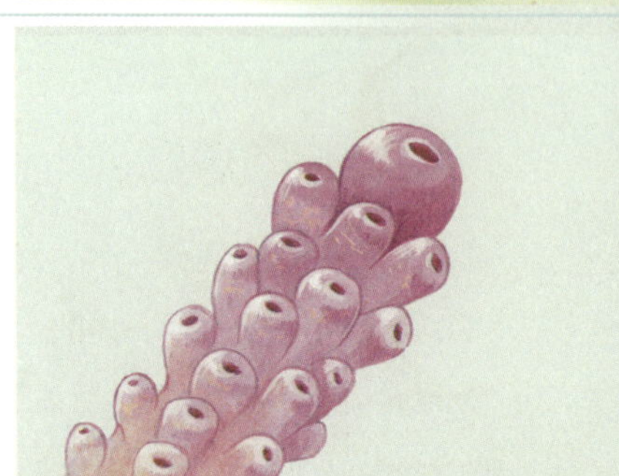